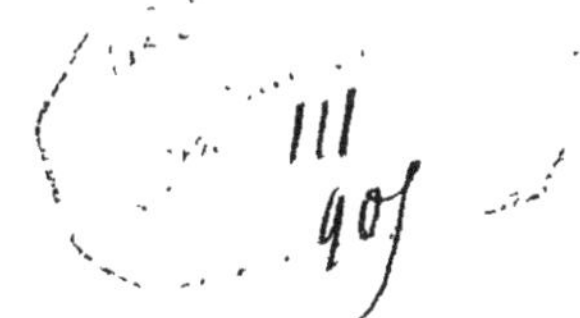

ÉTUDE

SUR

LA LOI DE DIVORCE

PAR ÉMILE VALLOIS

Avocat à la Cour d'Appel d'Orléans

(Extrait des *Mémoires de l'Académie de Sainte-Croix d'Orléans*)

ORLÉANS
IMPRIMERIE AUGUSTE GOUT & Cie
Passage du Loiret

1905

ÉTUDE

SUR

LA LOI DE DIVORCE

PAR ÉMILE VALLOIS

Avocat à la Cour d'Appel d'Orléans

(Extrait des *Mémoires de l'Académie de Sainte-Croix d'Orleans*

ORLÉANS
IMPRIMERIE AUGUSTE GOUT & Cie
Passage du Loiret

1905

ÉTUDE

SUR

LA LOI DE DIVORCE

Il y a quelques mois, un philosophe éminent, membre de l'Académie française (1), signalant dans une magistrale conférence « le phénomène excessive- « ment inquiétant et très grave de la renaissance du « paganisme dans la morale contemporaine », établissait, par des arguments d'une merveilleuse logique, « l'insuffisance des différents principes sur lesquels « on essaie de fonder une morale indépendante. »

Sans avoir l'outrecuidante pensée d'ajouter à un thème si clairement et si complètement développé, ne peut-il être permis à ceux que leur poste de combat amène à apprécier, par les résultats, certaines modalités de la vie contemporaine, d'apporter modestement leur pierre à l'édifice? Les exemples n'ont jamais nui aux démonstrations : aussi bien, on ne signalera jamais assez les ornières béantes de la voie sur laquelle nous sommes engagés, non plus que le but poursuivi par ceux qui les ont creusées.

Il y a aujourd'hui vingt ans qu'a été rétabli en

(1) M. Brunetière. *Conférence à Orléans, du 28 mai 1904* (Voir *Correspondant* du 10 juillet 1904).

France, après un essai au cours de la Révolution, le « divorce », c'est-à-dire la séparation judiciaire des époux, donnant droit légal de se remarier, du vivant de l'autre époux, à chacun des conjoints séparés. Le droit au remariage est, en effet, la seule différence essentielle qui distingue le divorce de la séparation de corps. Et déjà, de tous côtés, des esprits clairvoyants signalent le mal terrible que ce prétendu remède a causé et cause de plus en plus à notre société ébranlée. La littérature et le théâtre discutent comme à l'envi les conséquences de la loi du divorce. De fait, peu d'exemples sont aussi frappants du « retour en arrière de notre morale »; et, comme s'il était besoin d'autre preuve à l'appui, rarement le but poursuivi n'apparaît plus nettement « antichrétien », quoique plus hypocritement caché.

I

Que le divorce constitue un retour en arrière de notre morale, il semble presque superflu de l'établir longuement. Tout paraît avoir été dit sur ce point. Ses plus habiles défenseurs, à l'heure actuelle, ne le présentent plus que comme un mal rendu nécessaire par nos mœurs contemporaines. A-t-il seulement permis d'en éviter un pire? On ne pose pas impunément une règle qui tend à briser l'unité de la famille, base de la Société, et qui met les enfants, ciment de cette unité, dans une situation que les magistrats, appelés à juger les délicats litiges qu'elle engendre, ont souvent grande difficulté et toujours grande pitié à défendre. Il devient presque banal de faire ressortir la situation, d'autant plus malheureuse qu'elle est imméritée, que le divorce crée à l'enfant par la dissolution de l'association conjugale et le remariage du vivant même des époux. L'enfant, issu, sans sa volonté, de parents unis dans ce but, constitue pour eux un lien qui ne peut être rompu sans crime à son égard. Aussi, beaucoup, parmi les plus zélés partisans de cette loi, se refusent-ils à excuser l'égoïsme des parents et font-ils une exception considérable à l'application de leurs théories, lorsqu'il existe des enfants du mariage. C'est le divorce condamné dans la plupart des cas (1).

(1) Nous n'insisterons donc pas sur ce côté particulier de la question qui exigerait, à lui seul, des développements dépassant le cadre de cette étude. Nous nous contenterons de signaler l'opinion de deux publicistes bien différents : Bonald et l'anarchiste Laurent Tailhade :

« Le mariage, dit Bonald, (qui considère l'enfant comme « faisant réellement partie, dès sa naissance, de l'Association « matrimoniale), est une société éventuelle composée du père, « de la mère et de l'enfant. C'est un contrat entre trois per- « sonnes, deux présentes, une (l'enfant) absente, mais repré- « sentée par le Pouvoir public, garant des engagements que « prennent les époux de former une société. Car l'autorité « publique représente toujours, dans la famille, la personne « absente : l'enfant, avant sa naissance; le père, après sa « mort. Le contrat formé par trois personnes ne peut être « rompu par deux au préjudice de la troisième, la plus faible « de la Société...... »

Bonald (*Résumé de la question du Divorce*).

« Je ne suis pas de l'avis des frères Margueritte qui ne « me paraissent pas tenir de l'enfant tout le compte qu'il

Il faut aller plus loin et généraliser. En vain, soutient-on que le divorce ne fait que sanctionner, en y mettant ordre, la désunion existant en fait dans bien des ménages. On ne guérit pas un abus en en faisant une règle, et c'est proprement vouloir agir ainsi, que de prétendre remédier à l'irrégularité de la désunion par la légalité de la rupture. « La pire des corruptions, a dit Bonald, n'est pas celle qui brave les lois, mais celle qui s'en fait à elle-même. » Il est toujours dangereux d'attaquer un principe général en faveur de cas exceptionnels et particuliers ; et c'est un axiome établi par l'histoire, qu'un principe ne tombe jamais seul.

Le remarquable roman de Paul Bourget, dernière-

« faudrait, dit M. Laurent Tailhade ; l'enfant n'est pas intervenu dans le contrat primitif, et pour cause ; mais il a « tous les droits : les parents n'ont autre chose que des « devoirs. »

Laurent Tailhade (*La Revue*, du 1er mars 1903, p. 539).

(*Extrait de l'étude sur Bonald*, par MM. P. Bourget et Salomon, Paris, Bloud et Cie, éditeurs.)

Voir aussi le remarquable discours prononcé le 3 décembre 1904, à la Conférence des Avocats, à la Cour d'appel de Paris, par M. Jean Gaillard, sur : « la condition des époux divorcés vis-à-vis de leurs enfants », où le distingué secrétaire de la Conférence aboutit à cette conclusion que « l'enfant, victime du divorce, finira par en devenir le vainqueur ».

Gaz. Trib. 10 décembre 1904. — V. Compte rendu au premier cahier de Dalloz 1905. N'est-il pas d'ailleurs intéressant de remarquer avec quelle facilité certains défenseurs du divorce oublient ce « droit de l'enfant » dont ils font tant état quand il s'agit de son éducation religieuse.....

ment paru (1), met à nu cette erreur capitale sur laquelle repose toute la théorie qui, repoussant l'indissolubilité du lien conjugal, prône le remariage après la séparation des époux. C'est le Père Evrard, un de ses personnages, qui résume la réponse dans une de ces phrases où se concentre en quelques lignes la substance de longs discours : « Entre deux mesures, « dit-il, dont l'une est certainement utile à l'ensemble « et pénible à tel individu ; l'autre, agréable à cet « individu et nuisible à l'ensemble, la justice et la « charité veulent que la première prédomine. »

En effet, là est toute la question. Si l'on suppose que quelques individualités isolées trouvent leur compte, au moins en apparence et pour quelque temps, dans le remariage, combien, sur le nombre d'environ quinze mille divorcés que la justice jette actuellement chaque année dans la circulation, ont réellement gagné en moralité et en bonheur? Et qui osera sérieusement mettre en parallèle ce que, d'une part, on a problématiquement risqué de faire gagner à quelques-uns ; et ce que, d'autre part, on a certainement fait perdre à l'ensemble, c'est-à-dire à la société, par l'atteinte portée à la stabilité de la famille? car c'est la famille, première société particulière naturellement formée dès l'origine, et non l'individu, qui constitue la véritable « cellule » du corps social. Or, toute loi, réglementation au profit de la société de la liberté des unités qui la composent, n'a sa raison

(1) « Un Divorce », Plon-Nourrit, éditeurs, Paris. — *Revue des Deux-Mondes,* 1er mai à 1er juillet 1904.

d'être, et, disons-le, son excuse, que dans l'intérêt de la société qui l'édicte. N'est-il pas, dès lors, choquant au bons sens que la société prétende se défendre en fixant elle-même des règles qui, sacrifiant la famille à l'individu, sapent précisément la base fondamentale sur laquelle elle repose (1)?

Ajoutez à cela que la possibilité légale de changer d'époux suivant les caprices du caractère ou des passions, la suppression, en fait, d'un lien « pour la vie », non seulement diminue l'importance et la gravité de l'engagement qui crée les familles, mais encore pose, dès le début du mariage, les époux en véritables antagonistes, sinon en adversaires. Plus rares, par conséquent, et plus difficiles, seront ces concessions réciproques qui étouffent les querelles dans leurs germes. Plus fréquentes deviennent les ruptures, pour des difficultés qui se seraient aplanies sans la perspective de ce fallacieux remède. Et, en présence du divorce si facile, disparaît aussi la gravité

(1) Bonald soutient (*Législation primitive*, partie I, livre II, chap. VI) que « par le contrat qui les unit, les époux ont « perdu leur individualité et n'ont plus de volonté particu- « lière qui sépare à opposer à la volonté sociale qui réunit. » Il ajoute : « Le divorce suppose des individus; et, le mariage « fait, il n'y en a plus. — Et erunt duo in carne una « (Math. XIX, 5. Marc X, 8). »

Il dit ailleurs : « Le premier besoin de la société, et même « le seul, est sa conservation... La défense de la société « doit donc être la première loi du pouvoir qui fait des « lois... »

Voir également sur ce point le discours de M. Jean Gaillard, cité *suprà*.

de la simple séparation de corps ; les hésitants d'autrefois s'y décident plus facilement ; en sorte que la loi du divorce, non seulement permet et favorise les ruptures complètes entre époux, mais tend à augmenter les séparations, rendant les groupements familiaux de plus en plus instables. Cette loi est, en vérité, une loi anarchique.

C'est, de plus, une loi immorale.

On avait prétendu que le divorce remédierait au concubinage, qu'entraînait, disait-on, la désunion des époux imparfaitement tranchée par la séparation de corps. « Le divorce n'est pas un bien, c'est un remède, « disait M. Emile Labiche ; la séparation de corps est « un remède insuffisant (1). »

Examinons la valeur de ce remède.

Et d'abord le désir, d'aucuns disent le prétexte, d'éviter des concubinages particuliers qui constituent en somme des abus, c'est-à-dire des exceptions plus ou moins intéressantes, vaut-il le sacrifice de la règle primordiale de l'indissolubilité du mariage à laquelle la société tout entière est intéressée comme dans son principe? Sans doute, on a essayé d'enfermer le droit de divorce dans des limites, d'ailleurs très vagues, et on a cru remédier à ses inconvénients en en restreignant les cas d'une manière qui, nous le verrons plus loin, est beaucoup plus apparente que réelle. « Toutes « ces limitations à la faculté de divorce, dit Bonald (2),

(1) M. E. Labiche. *Rapport au Sénat* (Dalloz, année 1884, 4e partie, page 98).

(2) Bonald. *Résumé sur la question du Divorce* (cité par MM. P. Bourget et Salomon).

« tous les obstacles qu'on y oppose, peuvent rendre le « divorce difficile, mais l'indissolubilité seule rend le « mariage honorable. Et qu'importe que les divorces « soient rares, si les époux ne peuvent jamais être « indissolublement unis? Ce ne sont pas des difficultés « qu'il faut présenter aux désirs de l'homme, car elles « ne font que les enflammer; c'est l'impossibilité de « se satisfaire. L'homme, dans ses passions, ne « s'arrête que devant le Tout-Puissant lui-même, « devant l'impossible. Tout ce qui n'est que fâcheux « dans le mariage indissoluble, devient insupportable « dans le mariage qui peut être dissous. Des époux « alors sont comme des malheureux captifs, qui ont « entr'ouvert la porte de leur prison, et qui sont « occupés sans relâche à l'élargir, pour s'y pratiquer « une issue. Dans le mariage indissoluble, la femme « est de l'homme; dans le mariage dissoluble, la « femme est à l'homme; et l'homme, fort quand elle « est faible, jeune quand elle ne l'est plus, a, pour « la renvoyer autant de moyens que de désirs. Ce « sont là des lois pour des esclaves, et non des lois « pour les enfants; des lois de crainte, et non des « lois d'amour; et il vaut mieux tolérer l'adultère et « même l'homicide, que de détruire la société pour « les punir. »

D'autre part, le divorce a-t-il, dans la pratique, donné des résultats satisfaisants? Qu'est-il arrivé de l'application de ses principes ?

Il est arrivé qu'en détournant du mariage religieux indissoluble, le divorce, loin d'apporter au mariage civil une réclame par l'élasticité qu'il lui donnait, a fait tout naturellement surgir dans nos mœurs l'union libre.

Certains pensent, en effet, que toute idée de consécration supérieure et divine par un sacrement de l'accord de volontés des époux disparaissant en même temps que le principe d'indissolubilité de leur union, la constatation de cet accord par un officier de l'état civil n'est pas plus nécessaire à la valeur de l'union matrimoniale que la signature d'un écrit n'est indispensable à la réalité d'une obligation. Si l'écrit, en effet, sert de preuve, ce n'est pas lui qui crée l'obligation : aux honnêtes gens, il est pour le moins inutile. C'est là le raisonnement tenu par l'un des personnages du roman de Paul Bourget qui, poussant jusqu'à ses dernières limites la théorie de la souveraineté de la conscience individuelle si fort en honneur aujourd'hui, arrive à cette conclusion : que le mariage civil n'est qu'un système bâtard, une sorte d'enregistrement qui flaire la méfiance, et qu'il n'y a, en la matière, place que pour deux systèmes : l'union surnaturellement consacrée par la religion, ou l'union entièrement libre sous l'égide de l'honneur de chacun (1).

De fait, des intellectuels, et non des moindres, mettant de nos jours cette théorie en pratique, affectent ostensiblement de fonder leur foyer sans plus passer

(1) Voir notamment sur ce point un article de M. G. de Lamarzelle : « Un roman à thèse » paru dans le *Correspondant* du 25 octobre 1904.

par la mairie que par l'église : ni curé ni maire. C'est un résultat (1).

On a voulu faire du divorce un piédestal au mariage purement civil : c'est l'union libre qui, peu à peu, s'y installe.

D'autres, moins raisonneurs et plus nombreux, sans aller aussi directement à l'extrême de la logique, arrivent, avec leur bon sens, à la même conclusion.

Pour ceux-là, qui ne discutaient jadis ni le mariage civil, ni son utilité pour la société, la possibilité de rupture, accordée par la loi de 1884, enlève tout caractère de sérieux et de respectabilité à ce qu'ils regardaient jusqu'alors comme une sorte de consécration légale de l'union des époux. Et le mariage civil, avec la loi de divorce qui le rend indéfiniment dissoluble, ne leur apparaît plus que comme une union libre sous un masque légal. C'est qu'en effet, les garanties que le mariage civil paraissait apporter avant la loi du divorce se trouvent non seulement notablement diminuées par la possibilité de rupture régulière de l'union, mais encore à peu près supprimées en fait, par la facilité existant pour chacun de

(1) Noter que les parents ont de nombreux moyens de transmettre leurs biens aux enfants issus de leur union libre. Leur droit de tester (art 902 C. civ.) est même plus large à leur égard lorsqu'ils ne les ont pas reconnus (art. 908. C. civ.). Tout au plus sont-ils tenus de respecter la réserve de leurs ascendants légitimes, quand ils en ont (art. 914 et 916 C. civ.), restriction qui disparaît naturellement à la deuxième génération issue d'unions libres.

reprendre « légalement » sa liberté par un moyen détourné. Il faut le reconnaître, la légalité est un grand mot qui ne change guère ici la réalité des choses : on s'en est bien vite aperçu. Si le divorce n'est pas admis par consentement mutuel, personne n'ignore aujourd'hui qu'il est toujours possible aux deux époux, ainsi que l'avait fort bien fait remarquer M. Lucien Brun lors de la discussion de la loi, de faire naître des prétextes à divorce. Ne suffit-il pas, par exemple, sans aller jusqu'à des faits de brutalité, ou d'inconduite, de l'abandon anticipé et persistant du domicile commun? Qui empêchera les époux de s'entendre pour trouver des prétextes? Est-il si difficile de faire naître l'occasion qui permettra d'arguer d'excès, de sévices, d'injures graves? Qui empêchera même un seul époux (et le fait est loin d'être sans exemple) de se conduire de telle manière qu'il obligera moralement son conjoint à solliciter lui-même la rupture ; et si celui-ci lui joue le mauvais tour de ne demander que la séparation de corps, n'aura-t-il pas, comme nous allons le voir, le droit de faire convertir en divorce, malgré son conjoint, la décision motivée par ses propres torts? En sorte que ce qui apparaissait jusqu'alors comme une consécration légale de l'union des époux, n'est devenu, par suite du divorce possible, que la constatation d'une convention matrimoniale que les deux parties peuvent déchirer, régulièrement ou par un moyen détourné, avec l'approbation extérieure de la justice et de la loi. En diminuant, jusqu'à les supprimer, les quelques garanties que le mariage civil paraissait apporter aux unions, le divorce lui a fait perdre son prestige, et l'on s'est aperçu que la légalité n'avait guère ici que l'avantage d'obliger parfois à un subterfuge.

Aussi ne sont-ils déjà plus si rares, ceux qui ne regardent plus le mariage civil que comme une formalité inutile, destinée à disparaître de nos mœurs, et qui déclarent hautement leur préférence pour la « loyauté » de l'union entièrement libre, dont la rupture, si elle survient, n'oblige jamais aux subterfuges, ni en tous cas, aux importunes et coûteuses procédures des débats judiciaires.

Les unions libres, intentionnelles et raisonnées, plus graves que les unions libres passionnelles, ont ainsi pris naissance, soit après divorce, soit comme premières unions, dans notre société contemporaine.

Et c'est ainsi que le divorce, ouvrant toutes grandes, par le principe de la dissolubilité indéfinie du mariage, les portes à l'union libre, a relevé la morale et sauvé du concubinage !

Ce n'est pas à dire qu'il faille obliger coûte que coûte les époux à vivre en commun si les vices de l'un rendent la vie impossible à l'autre. Mais quel besoin de briser l'indissolubilité du mariage en présence des maux incalculables que peut causer et cause effectivement à la société l'ébranlement de l'institution qui en est le fondement? Quel besoin de permettre, pour quelques cas exceptionnels, même dignes de pitié, alors que l'intérêt général s'y oppose, l'engagement dans de nouveaux liens, du vivant des époux, sous prétexte de défendre la morale? Ou, en effet, les époux ont des principes et un honneur suffisants pour leur être une sauvegarde sans un pareil expédient; ou , à défaut de ce rempart, l'union entièrement libre paraîtra préférable à tous ceux, — et ils sont plus nombreux qu'on ne croit, — pour qui la comparution devant un agent de l'état civil, n'a jamais paru un gage nécessaire du respect des conventions, non plus qu'un témoignage indispensable de haute moralité.

A moins donc de regarder comme un progrès l'union libre, avec les désastreuses conséquences engendrées par cette absence absolue de garanties qui n'en fait, dans la réalité, qu'un concubinage plus ou moins embourgeoisé, il faut reconnaître que l'admission du divorce dans nos lois constitue pour la morale, un retour en arrière considérable.

Ce prétendu remède nous précipite dans un mal encore plus grand; la dignité du mariage, l'intérêt des enfants, et celui bien entendu de la société, étaient mieux garantis par l'indissolubilité du mariage qu'ils ne le sont désormais par la loi du 27 juillet 1884.

II

Le grand argument de la sauvegarde de la morale ainsi écarté, on peut se demander quel mobile a pu pousser à édicter la loi du divorce. Tous comptes faits, on se trouve amené à n'en pas trouver d'autre que cette tendance antireligieuse qui s'insinue chaque jour davantage dans notre législation : le christianisme édictant l'indissolubilité du mariage, tous les sophismes ont paru acceptables pour en autoriser la dissolution.

Dans un remarquable article d'un journal parisien (1), M. Godefroy, parlant du roman de Paul Bourget s'exprime en ces termes :

« Quand on voit toutes ces victimes directes et « indirectes du divorce, quand on constate les « malheurs et les souffrances qui sont la consé« quence des secondes unions, et quand on cherche « sans succès le plus souvent, de rares cas particu« liers où quelque bien, au moins apparent, en est « résulté, on en arrive à se demander si la grande « réforme législative qui a rétabli le divorce dans nos « codes, après l'essai incohérent de la Révolution, « n'a pas eu pour mobile réel chez ses auteurs, le « simple et inepte désir de mettre la législation fran« çaise en opposition avec la morale catholique et « de jouer un bon tour à l'Eglise. Cela s'appelle cra« cher en l'air... »

Oui, cela s'appelle « cracher en l'air... » Et c'est ainsi qu'on désorganise notre société sous prétexte de l'améliorer...

Et cet esprit antireligieux, dissimulé avec une telle habileté que certains ne l'ont point même soupçonné, qui approuvèrent de leurs discours et de leurs votes la mesure législative de 1884, il semble qu'il apparaissé aujourd'hui, après vingt ans seulement de pra-

(1) Le *Gaulois* (8 septembre 1904).

tique, avec une netteté de nature à dessiller les yeux des moins clairvoyants.

Rien ne le fait mieux ressortir que l'étude de l'article 310.

Après avoir maintes fois fait valoir à la tribune que la loi nouvelle sauvegardait la liberté de conscience, puisque, à la différence de la législation de 1792, elle laissait subsister la séparation de corps, ce « divorce des catholiques », comme on l'appelait avec intention (1), on détruisit pratiquement tout l'effet de cette « libéralité » en accordant, par un article final, à l'un et à l'autre des époux, aussi bien à l'époux obtenant la séparation de corps qu'à celui contre lequel elle était prononcée, le droit de faire convertir, après un délai de trois ans, la séparation en divorce.

Le projet primitif de l'article 310 rendait cette conversion obligatoire à la simple demande de l'un des époux séparés. M. Lucien Brun fit justement remarquer qu'on supprimait ainsi en fait, la séparation de corps pour les catholiques : « C'est vainement, « dit-il, que l'un des époux, qui est catholique, « demande et obtient la séparation de corps. Il est, « en effet, après trois ans de séparation, à la merci de « l'autre époux qui fera prononcer par les tribunaux « la conversion de la séparation de corps en divorce, « cette conversion, d'après le texte proposé, étant « obligatoire pour le juge ».

(1) Voir les débats lors de la discussion de la loi du 27 juillet 1884 (D. 84-4-97 et suiv.).

Après de longs débats, où M. Jules Simon apporta l'appui d'une éloquente protestation, l'article 310 fut voté avec la rédaction suivante :

« Lorsque la séparation de corps aura duré trois « ans, le jugement pourra être converti en jugement « de divorce, sur la demande formée par l'un des « époux... »

Ainsi, la demande peut toujours être formée par l'époux contre lequel la séparation de corps a été prononcée ; mais, à la différence du premier projet, la conversion n'est pas obligatoire pour le juge qui a le droit d'en apprécier la convenance.

Toutefois, ajouta le rapporteur à la Chambre des députés, M. Letellier, « nous espérons que les tribu- « naux se montreront très larges dans l'usage du « droit de conversion que la loi leur confère. »

Les magistrats ont retenu le conseil, et ils se sont montrés progressivement si larges qu'on pourrait aujourd'hui compter les cas où ils refusent la conversion.

A vrai dire, c'est moins à eux qu'il faut en faire grief, qu'au législateur lui-même, qui, en s'en rapportant aux tribunaux sur la convenance des conversions sollicitées, a négligemment omis de leur fixer des règles pour les diriger dans leur appréciation.

C'est le propre de ces lois façonnées par une majorité qui, trop peu sûre du lendemain, semble vouloir hâtivement profiter de son pouvoir présent, d'être fatalement incomplètes et de laisser trop de points importants et même capitaux, aux réglementations de décrets postérieurs ou aux décisions de justice.

Les tribunaux, qui n'ont pas pour mission de faire ou de compléter la loi, mais seulement de l'appliquer d'après les règles, au moins générales, qu'elle fixe elle-même, ont donc dû, dans l'espèce, trancher le délicat problème que le législateur n'avait pas su résoudre : il s'est établi une jurisprudence sur la question.

D'abord, ce principe s'est peu à peu installé, qu'en raison de l'identité des causes de la séparation de corps et du divorce et de la possibilité de conversion de la première mesure en la seconde, il n'y avait aucune différence d'appréciation à faire, entre la gravité des motifs suffisants pour faire prononcer la séparation de corps qui n'est qu'un relâchement du lien conjugal, et la gravité des motifs nécessaires pour faire prononcer le divorce, qui en est la rupture. Déjà, lors de la discussion de la loi, M. Letellier avait fait remarquer que les causes de la séparation de corps et les causes du divorce étant les mêmes, les griefs motivant une séparation de corps auraient pu permettre à l'époux d'obtenir le divorce s'il l'avait sollicité (1). La séparation de corps s'est donc trouvée comme noyée dans le divorce ; la différence de gravité des deux mesures a disparu, et les motifs étant les mêmes, seule la formule finale les distingue dans les décisions judiciaires.

De cette même idée est né naturellement cet autre principe que la séparation de corps n'est que la préparation, la salle d'attente, le « purgatoire » du divorce.

(1) Voir Débats parlementaires (D. 84-4-108).

Celui-ci est la règle à laquelle il faut tendre ; celle-là, l'exception qu'on ne fait que tolérer, comme une mesure d'épreuve. Il est juste d'ailleurs de remarquer que la jurisprudence s'est trouvée guidée dans cette voie par les discussions parlementaires. Le principe de la loi une fois voté, et la séparation de corps maintenue comme une large libéralité faite aux catholiques dont elle constitue le « divorce », on n'a plus hésité, en effet, à laisser voir que tout cela n'était qu'une feinte ; et lors de la discussion de l'article 310, avant-dernier de la loi du divorce, M. E. Labiche, au Sénat, et M. Letellier, à la Chambre, n'hésitèrent pas à qualifier « d'années d'épreuve » le délai nécessaire pour demander la conversion (1). Le prétendu divorce des catholiques s'est ainsi insensiblement changé en « épreuve » du divorce légal. Les magistrats, en l'absence de règles formelles, s'approprièrent cette manière de voir qui rentre bien, au surplus, dans la thèse dont nous avons montré plus haut les dangers et les résultats : qu'il vaut mieux favoriser le remariage avec le divorce, que risquer le concubinage avant la séparation de corps.

Partant de ces principes, les tribunaux, après des hésitations motivées par d'antiques résistances diminuant de jour en jour, se sont arrêtés pour faire droit, après le délai légal, aux demandes de conversion, à des règles générales d'appréciation qui, pour nombreuses qu'elles paraissent d'abord, peuvent se ramener aux deux grandes règles suivantes :

(1) Voir Débats parlementaires (*loc. cit.*, p. 108).

N'y a-t-il pas espoir de réconciliation entre les époux séparés ?

La conversion sollicitée ne blesse-t-elle pas la morale publique ?

A la vérité, ces règles ne sont nulle part formulées d'une façon aussi précise et aussi tranchée, de même que les principes que nous signalions plus haut ne sont et ne doivent être jamais inscrits dans les décisions de justice, bien qu'ils en constituent, en réalité l'esprit ; mais quiconque étudie de près la dernière jurisprudence, s'aperçoit bien vite que toutes les formules, parfois très vagues, employées pour fixer des règles d'appréciation. reviennent plus ou moins directement à l'une ou à l'autre de ces deux règles générales qui se dégagent de toutes les espèces sur lesquelles les Tribunaux et les Cours ont été appelés à statuer (1).

La première règle, relative à l'espoir de réconciliation des époux, constitue le véritable élément d'ap-

(1) Nous ne pouvons évidemment citer sur ce point les décisions des Cours d'appel, extrêmement nombreuses, en raison même de la diversité des espèces qui leur sont soumises. Nos efforts ont tendu à essayer de tirer des règles générales de toutes ces décisions. Pour le détail, se reporter notamment aux Codes annotés de Dalloz, sous l'article 310, en remarquant : 1° que les dernières décisions seules sont intéressantes, étant donnée la progression hésitante de la jurisprudence ; 2° qu'il ne faut pas trop s'en rapporter, surtout en cette matière, aux sommaires souvent incomplets de décisions qui ne peuvent s'apprécier sérieusement que dans leur texte intégral, avec la connaissance des circonstances et des éléments propres à chaque espèce. La Cour de cassation ne statuant qu'en droit, a peu l'occasion d'intervenir dans ces questions de fait.

préciation. Elle apparaît bien comme la manifestation très nette de cette idée que la séparation de corps n'est qu'une regrettable exception qu'il ne faut regarder que comme une épreuve avant le divorce.

Est-ce bien là ce qu'on avait fait d'abord miroiter aux yeux des catholiques ? Si la séparation de corps qu'on leur a laissée, en le faisant sonner si haut, est bien le « divorce des catholiques », ne doit-elle pas constituer à leur profit, comme le divorce, une solution définitive et non temporaire ? Pourquoi, dès lors, et de quel droit, s'inquiéter à leur égard de la possibilité d'une réconciliation pour apprécier s'il y a lieu de prononcer le divorce légal ? Le catholique qui a obtenu, par jugement, le « droit » de vivre perpétuellement séparé de son conjoint, ne doit-il pas être, aux yeux de la loi, dans la même situation que l'indifférent qui a obtenu le divorce ? Pourquoi lui faire une situation amoindrie ? J'entends bien qu'il se refuse à accepter le principe de la dissolubilité du mariage ; mais c'est précisément pour respecter cette conviction de sa conscience que la séparation de corps a été inscrite dans le Code au même titre que le divorce. De quel droit le forcer à se réconcilier, c'est-à-dire « à pardonner », à peine d'être divorcé ? Car c'est à ce résultat que l'on arrive : « Un époux, même « quand il a eu des torts considérables, disait M. La- « biche, ne peut pas être condamné à rester éternel- « lement dans cette situation d'être marié sans l'être, « parce qu'on comprend qu'il puisse être admis à de- « mander à l'époux qu'il a offensé ou de lui pardonner,

« ou de rompre complètement un lien qui n'est qu'une « fiction légale, c'est-à-dire à divorcer (1). » Donc, le pardon ou le divorce ! Mais, même en laissant de côté la question de l'intérêt social à l'indissolubilité absolue du mariage, dont le lien reste toujours, quoiqu'on dise, plus qu'une « fiction légale », où l'époux coupable puise-t-il ce droit au pardon sur lequel on base son droit au divorce ? Est-ce dans ses torts antérieurs ? Est-ce dans le droit naturel que chaque être peut revendiquer de ne pas rester isolé dans la vie ? Il ne tenait qu'à lui de demeurer avec son conjoint. Et en quoi le fait d'avoir été séparé un certain temps rend-il celui qui a obtenu la séparation de corps, inexcusable de ne pas vouloir reprendre la vie commune ? Les motifs qui ont fait prononcer la séparation de corps à son profit, ont-ils donc disparu par le seul fait qu'il s'est écoulé trois années depuis le jugement ? N'est-ce pas d'ailleurs, on ne saurait trop le répéter, l'époux coupable qui s'est créé cette situation ? Et n'apparaît-il pas que demander, dans de telles conditions, le pardon ou le divorce, c'est proposer à l'époux, qui n'a rien à se reprocher, un de ces marchés que le langage populaire qualifie si sévèrement ? Le beau moyen, en vérité, de prédisposer au pardon !

De plus, à supposer que l'époux coupable qui demande la conversion en divorce ait réellement le désir de reprendre la vie commune si son conjoint lui pardonne, ce que les tribunaux, — et pour cause,

(1) Voir Débats parlementaires. (*Loc. cit.*, p. 108).

— n'ont jamais eu la curiosité de sonder sérieusement, a-t-on bien pesé tout ce que comporte ce pardon qu'on prétend imposer sous condition ? La séparation de corps ne se prononce pas pour des motifs constituant de simples « offenses », comme semble l'admettre le rapporteur de la loi. Les motifs sont toujours graves, puisqu'ils seraient suffisants pour entraîner la rupture complète par le divorce. Si le pardon des offenses est une règle pour le catholique, il faut loyalement reconnaître qu'il s'agit ici, pour l'époux qui a obtenu la séparation « de corps », de quelque chose de plus : la reprise d'une vie commune qu'il a toujours le droit de juger impossible, parfois même dangereuse. Ne peut-il, sans conserver la moindre haine contre son conjoint, avoir des motifs graves de refuser ce nouvel essai ? Ne peut-il avoir de sérieuses raisons, se souvenant parfois des vaines promesses faites au cours de l'ancienne union, de douter du prétendu repentir de l'époux coupable, en présence surtout de la menace de divorce que celui-ci emploie pour le convaincre ? Si la séparation de corps a, sur le divorce, l'avantage de rendre possible et de permettre d'espérer la réconciliation, elle n'y oblige pas et ne peut y obliger ; elle n'a sa force et sa raison d'être que dans le droit, pour l'époux qui l'a obtenue, de ne revenir à son conjoint que s'il le juge à propos et quand il le jugera à propos. Conçoit-on qu'un autre que lui ait le droit d'apprécier l'opportunité d'un retour à cette vie en commun qu'une décision judiciaire a suspendue « à son profit » pour toute la durée de son existence ? — Mais il n'y a plus espoir de réconciliation ! — Qu'en sait-on, après tout, et qui donc ose ainsi préjuger des événements ? Singulier rôle imposé à la justice, que cette constatation fatalement incertaine, qui fait décider du présent sur un « espoir », et anéantit à jamais toute possibilité de réconciliation des époux, parce que celui qui a eu à se plaindre, se refuse à pardonner, à l'époque choisie, par celui qui a eu les torts ! — Mais, dit M. Labiche, l'époux coupable se trouve « marié sans l'être » ; — A qui peut-il s'en prendre ? L'autre époux n'est-il pas dans le même état ? Est-ce sa faute si son conjoint n'a pas le courage de supporter comme lui ce que peut avoir de pénible une existence dont il est seul responsable ? Et la situation de l'époux coupable devient-elle seule intéressante, parce qu'étant partisan du divorce, il se trouve en opposition avec un catholique qui n'a rien à se reprocher ?

Et cependant la jurisprudence, toujours basée sur cette idée qui, peu à peu, est devenue un principe, que la séparation de corps n'est qu'une mesure d'épreuve pour un temps limité, est aujourd'hui si bien fixée que, sauf l'exception sans portée pratique que nous allons étudier, s'il ne déclare pas qu'il veut reprendre la vie commune, l'époux qui a obtenu la séparation, se voit divorcer malgré lui. Parfois seulement, surtout lorsqu'il existe des enfants, le juge ordonne une prolongation du délai de trois ans, dans l'espoir d'une réconciliation ultérieure : ce qui est l'aveu que le divorce est contraire à l'intérêt de l'enfant. Mais c'est toujours pour aboutir, à un moment plus ou moins rapproché, à la même situation et au même résultat.

C'est, en fait, la suppression de la séparation de corps pour les catholiques.

Le deuxième élément d'appréciation est moins une règle qu'une exception aux principes précédents, qui constituent, en réalité, la règle générale.

Il s'agit, pour le juge, d'examiner si la morale publique ne se trouverait pas blessée par la conversion sollicitée. Nous avons considéré plus haut combien il était difficile d'accorder la loi du divorce avec la morale. Nous pourrions en conclure, d'une manière générale, qu'à ce titre, une pareille base d'appréciation devrait toujours faire refuser la conversion de la séparation de corps en divorce. Mais tel n'est pas, bien entendu, le point de vue auquel se placent les tribunaux. Comme nous l'avons vu, il est, au contraire, de principe courant aujourd'hui que le divorce est plus moral que la séparation de corps. On voit donc difficilement comment la conversion en divorce pourrait blesser ce qu'on appelle la « morale publique ». Ajoutez à cela que l'insuffisance des principes sur lesquels on prétend baser cette morale, amène de nombreuses variations dans la fixation de ce qui, précisément, doit la constituer (1). C'est dire que cet élément d'appréciation n'aura pas souvent l'occasion

(1) Voir sur ce point la conférence de M. Brunetière, citée *supra*.

d'être sérieusement appliqué. Nous pourrions même nous demander s'il pourra jamais l'être désormais, car il ne se présentait réellement jusqu'à ce jour, à étudier de près la jurisprudence, que dans un seul cas : le cas d'adultère, où la loi fixait elle-même des règles de morale.

Aux nombreux reproches que les adversaires du divorce faisaient à la loi, nos vertueux législateurs avaient répondu, en 1884, qu'ils entendaient respecter la morale, et ils avaient inséré, avec force gestes pudibonds, l'article 298 que nos législateurs de 1904 viennent, toujours pour défendre la morale, de supprimer (1). Cet article était rédigé en ces termes : « Dans le cas de divorce admis en justice pour cause « d'adultère, l'époux coupable ne pourra jamais se « marier avec son complice. » Il n'y a pas à dire, c'était strictement moral, et d'ailleurs en contradiction avec la prétendue raison d'être du divorce, institué, au dire de ses promoteurs, pour régulariser les situations anormales et éviter le concubinage. La contradiction surgit fatalement dès qu'on prétend s'arrêter sur la pente et mettre d'accord avec la morale les principes de cette loi. Notons même en passant, que pour une fois qu'on avait voulu faire de la morale dans le divorce, il semblait qu'on l'eût fait d'une manière qui, au dire de beaucoup, dépassait peut-être la mesure. En effet, cette interdiction d'épouser le complice, était rédigée en termes tels

(1) La loi abrogeant l'article 298 a été promulguée le 15 décembre 1904.

que l'époux coupable ne pouvait « jamais » régulariser sa situation, même après le décès de son ancien conjoint (1). Ajoutons, pour ne rien omettre, que si l'opposition au mariage que l'époux adultère tentait de contracter dans ces conditions, pouvait être faite par le Procureur de la République, et par les parents auxquels la loi confère ce droit dans l'article 173 du Code civil, l'époux qui avait obtenu le divorce était le seul, parmi les intéressés, à ne pouvoir former directement opposition (2). Mais laissons de côté ces détails devenus sans intérêt.

On voit, par l'article 298, quel obstacle de moralité pouvait surgir pour arrêter le juge dans l'usage du droit de conversion, lorsque la séparation de corps avait été prononcée pour inconduite. L'imposant principe de la sauvegarde de la morale publique se réduit à bien peu de chose quand on en examine de près l'application. L'époux coupable avait pu vivre à sa guise, pendant les trois années qui avaient suivi le jugement, avec tout autre que le complice désigné au jugement de séparation. En vertu de ce principe que le divorce doit précisément permettre d'éviter ces dévergondages, il ne pouvait y avoir là motif à arrêter la conversion ; l'époux qui avait obtenu la séparation de corps aurait été bien mal venu à y voir une persistance de l'injure première, rendant impossible un pardon ; les tribunaux étaient pleins d'indul-

(1) Dalloz, *Nouveau Code civil annoté*, art. 298, n° 5.

(2) Dalloz, *Nouveau Code civi annoté*, art. 298, nos 19 et 20.

gence pour celui que son conjoint avait placé, en l'éloignant sans lui permettre de se remarier, dans une situation qui excuse tout; et si ces principes de morale indépendante n'étaient pas exprimés d'une façon aussi catégorique, il n'en est pas moins vrai que tel était bien l'esprit qui semblait dicter, sans que les tribunaux s'en rendissent peut-être nettement compte, les dernières décisions de la jurisprudence (1). Seule, cette règle paraissait admise, que l'époux qui avait obtenu la séparation pour cause d'inconduite, pouvait s'opposer à la conversion, en faisant la preuve que son adversaire continuait avec son complice, le commerce irrégulier qui avait motivé cette séparation. Cette persistance de l'injure primitive (2), le seule spécialement regardée par les tribunaux comme rendant le demandeur indigne d'obtenir la conversion qu'il sollicitait, rendait l'époux défendeur excusable de ne pas accorder son pardon, puisque la loi elle-même le refusait, au nom de la morale publique, en interdisant à l'époux coupable le mariage avec son complice. A défaut de cette preuve particulière, la morale était sauve et la conversion accordée.

Et cependant, n'est-il pas juste de le remarquer,

(1) C'est une remarque faite par tous ceux qui ont eu l'occasion de discuter en justice des demandes de conversion de séparation de corps.

(2) La persistance de l'injure primitive, rendant possible le refus de conversion, et qu'on serait tenté de regarder comme une autre règle générale d'appréciation, ne se réfère, somme toute, dans la pratique, qu'à ce cas particulier.

outre que la séparation de corps est souvent prononcée pour des motifs graves autres que l'inconduite, la morale publique n'aurait-elle pas gagné à ce que tout commerce irrégulier, quel qu'il fût, pendant les trois ans qui ont suivi le jugement, ne fût pas considéré comme une chose négligeable ?

Ce n'est pas tout. Le fardeau de la preuve de cette continuation d'inconduite avec le complice était à la charge du défendeur en conversion. Or la preuve d'un pareil fait, qui supposait tout d'abord que le complice avait été nettement désigné lors de la première décision, ce qui était loin d'être une règle (1), était souvent fort difficile à établir après trois années et quelquefois plus de séparation ; et sans oser irrespectueusement prétendre que les magistrats pouvaient avoir tendance à l'exiger si formelle qu'elle devenait à peu près impossible, ne se rend-on pas compte qu'il était toujours facile à l'époux coupable, désirant faire convertir la séparation en divorce, de prendre des précautions pour passer à côté de cet unique obstacle ?

Cette exception particulière était donc, en tous cas, d'une application si rare et si difficile, qu'en vérité c'était vouloir jeter de la poudre aux yeux que de prétendre qu'on se préoccupait de sauvegarder la morale publique pour statuer sur les demandes de conversion.

Or, nous l'avons dit, l'article 298 est aujourd'hui

(1) Certains tribunaux évitaient même, lorsque c'était possible, de désigner le complice.

abrogé. En vain, M. de Lamarzelle a-t-il fait éloquemment ressortir au Sénat que « toute mesure destinée « à encourager le divorce était une nouvelle atteinte « portée à la famille » ; en vain, M. de Marcère, rapporteur en 1881 et 1882 du premier projet de loi de divorce, intervint-il pour reprocher aux magistrats de l'accorder trop facilement, il fallut aller jusqu'au bout des conséquences du principe immoral de cette loi qu'on persiste à présenter comme un remède au concubinage et qui nous condamne, par la force même de sa logique, à descendre toujours plus bas (1). Où s'arrêtera-t-on sur cette pente ?

On aurait pu, étant donnée la critique élevée par certains à la trop grande extension de l'article 298, ramener l'interdiction qu'il portait à de justes limites, et ne la maintenir que pour la durée de la vie de l'époux ayant obtenu le divorce pour cause d'adultère. C'eût été laisser trop de moralité dans la loi. De fait, en reste-t-il encore même l'apparence? et que va devenir, après la suppression de l'article 298, la seule règle de morale que la jurisprudence s'était

(1) Contestera-t-on désormais cette appréciation de Bonald que « le divorce n'est, au fond, qu'une polygamie écono- « mique, puisqu'il permet la pluralité en permettant la « séparation. »
Bonald (*Théorie du pouvoir*, partie I, livre I, chap. III).

Sur la supériorité du mariage indissoluble, voir également Renan (*Mélanges religieux et historiques, Journal général de l'Instruction publique*, 7 mai 1851) et Aug. Comte (*Cours de philosophie positive*, IVe leçon), cités par MM. P. Bourget et Salomon (p. 275 et 286 de l'ouvrage déjà indiqué).

fixée comme étant la seule base certaine sur laquelle elle pût s'appuyer parce qu'elle la trouvait dans la loi (1).

. . . .

Que ressort-il de tout cela, sinon que l'époux qui a obtenu la séparation de corps, comme seule conforme aux convictions de sa conscience, se trouve livré,

(1) Seule, la persistance de l'injure primitive restera-t-elle comme moyen d'opposition à la conversion ? Quelle sera la valeur de ce moyen que ne soutiendra plus la question de morale qui en faisait toute la force, alors surtout que les tribunaux, en raison de la suppression de l'article 298, se refuseront probablement désormais à jamais désigner le complice ?...

La Cour d'Orléans, par un arrêt du 22 mars 1905, confirmant un Jugement du Tribunal civil de cette ville, vient de répondre à cette question.

Une dame G..., qui avait, en 1901, obtenu contre son mari la séparation de corps, s'opposait à la conversion en divorce sollicitée par celui-ci en offrant de prouver qu'il continuait, avec les complices indiqués au jugement de séparation, la vie de débauche qui avait motivé cette décision. La Cour, regardant comme non pertinente cette offre de preuve, contrairement à ce qu'elle jugeait avant la suppression de l'article 298 (aff. R... arrêt du 8 décembre 1898), a passé outre et fait droit « de plano » à la demande du mari, en se basant sur le non espoir de réconciliation des époux.

C'est dire que la règle de morale, jusqu'alors timidement posée, est, de fait, aujourd'hui supprimée ; et que la seule question qui subsiste désormais est celle de savoir si l'époux offensé consent ou non à pardonner et à reprendre la vie commune, en renonçant au bénéfice du jugement de séparation primitivement rendu à son profit. En cas de refus, c'est le divorce.

De bonne foi, que reste-t-il, avec cette jurisprudence, de la séparation de corps ?

après trois années de séparation, à la merci de l'autre époux qui sollicite le divorce ? M. Lucien Brun l'avait fait remarquer lorsque la conversion était obligatoire pour le juge (1). C'était en raison de cette objection qu'on l'avait rendue facultative ; le résultat en a-t-il été vraiment modifié ? et les quelques hésitations qu'a fait naître la fixation des règles à établir n'ont-elles pas simplement abouti à une quasi-obligation hypocrite, dont personne n'est dupe aujourd'hui, et qui ne vaut guère mieux que l'obligation formelle du projet primitif de l'article 310 (2).

Pouvait-il en être autrement, et M. Letellier, le rapporteur de la loi, ne l'avait-il pas lui-même pressenti, lorsque, plaidant devant la Chambre pour le maintien de l'obligation de conversion, il disait : « S'agit-il de celui qui a obtenu la séparation ? Les « causes de la séparation de corps et les causes du « divorce étant les mêmes, si l'époux qui a demandé « la séparation de corps il y a trois ans, et qui l'a « obtenue, avait basé sur les mêmes faits une « demande en divorce, il l'aurait obtenue également. « Comment les tribunaux lui refuseraient-ils la con- « version après ces trois ans ? Et s'il s'agit du défen- « deur, sur quoi se fonderont les tribunaux pour

(1) Voir *suprà*.

(2) Il n'en faut pas moins reconnaître, bien entendu, que les adversaires du divorce au Parlement, ont fait tout ce qu'ils ont pu pour sauvegarder la séparation de corps, et qu'on ne peut leur imputer à faute de n'avoir pu obtenir davantage.

« accorder la conversion ? Le défendeur n'a, en effet, « aucun fait à invoquer, puisque c'est contre lui que « la séparation de corps a été prononcée ! »

— « Et cependant, ajoutait-il, l'article 310 modifié « décide que, même dans ce cas, il peut y avoir lieu « d'accorder la conversion (1). »

Aussi, cette absence de motifs pour accorder au défendeur la conversion que la loi l'autorise à demander a-t-elle fatalement amené les tribunaux à regarder la conversion de la séparation de corps en divorce comme un « droit » pour l'époux coupable, et le divorce, ainsi que nous l'avons dit, comme la règle à laquelle il faut tendre ; le pouvoir d'appréciation que la loi laissait aux magistrats s'est naturellement transformé dans la faculté d'apporter des exceptions à l'exercice normal de ce droit. Les rôles se sont trouvés renversés. Ce n'est pas pour des motifs graves qu'on accorde la conversion : c'est pour des motifs graves qu'on peut la refuser. Et quand il s'est agi de fixer, sous le couvert de règles d'appréciation, les exceptions constituant ces motifs de refus pour lesquelles le législateur n'avait pu donner aucune indication, l'embarras des tribunaux a été tel qu'ils ne sont péniblement arrivés qu'à cette jurisprudence que nous venons d'étudier, et qu'on ne saurait considérer sérieusement, en présence surtout de la suppression de l'article 298, comme apportant une entrave réelle à l'exercice par l'époux coupable du « droit » de conversion que la loi lui octroie.

(1) Débats parlementaires. (D. 84-4-108).

Ce pouvoir d'appréciation laissé aux tribunaux n'a donc été qu'un trompe-l'œil : le résultat est toujours le même. C'est qu'en effet, le mal réside ailleurs : il est dans le droit laissé aux deux époux de demander la conversion. Tant que l'époux qui a obtenu la séparation de corps n'aura pas seul le droit de la faire convertir en divorce, il sera à la merci de son ancien conjoint et le prétendu respect de sa conviction de conscience ne sera qu'un vain mot (1). Or les propositions de loi soumises jusqu'à ce jour au Parlement sont loin de faire espérer une modification dans ce sens de l'article 310 (2).

Il faut donc le reconnaître, les catholiques ont été trompés une fois de plus ; et leur situation, au point de vue de la séparation de corps que leur conscience

(1) Il est d'ailleurs jugé que les convictions religieuses de l'époux contre lequel la conversion est demandée ne sauraient être un obstacle à ce que celle-ci soit accordée.

(Notamment Angers, 13 avril 1896. D. 96-2-439.)

(2) Une proposition de loi, tendant à modifier l'article 310, a été soumise aux Chambres. D'après le texte adopté par la Chambre des députés, tout jugement de séparation de corps devenu définitif depuis trois ans au moins devrait être converti en jugement de divorce sur la demande de l'un des époux. Mais suivant le texte voté par le Sénat et renvoyé à la Chambre des députés, le 14 juin 1898, la conversion ne serait de droit que si elle était demandée par l'époux qui a obtenu le divorce. Cette rédaction ne paraissant pas atteindre le but poursuivi par la Chambre des députés, celle-ci semble avoir laissé en suspens, jusqu'à des temps meilleurs, la discussion du nouvel article 310. La suppression récente de l'article 298 permet de penser que ces temps pourraient n'être pas éloignés.

leur permet seule de demander, est actuellement la suivante :

Un époux catholique, dont la vie sans reproches est devenue intolérable par les trahisons ou les brutalités de son conjoint, sollicite et obtient la séparation de corps. Parfois même, la décision de justice apprécie sévèrement, presque avec indignation, la conduite de l'époux coupable. Trois ans après, ou plus, l'ancien conjoint fait convertir la séparation de corps en divorce, profitant pour ainsi dire de ses propres torts, pour violer les plus intimes convictions du catholique. En quoi cependant celui-ci a-t-il démérité ? Il n'a demandé la séparation de corps que parce qu'il n'admet pas le divorce. Peut-être même a-t-il sollicité cette mesure à une époque où la loi du divorce et l'article 310 n'existaient pas encore et où il ne les pouvait prévoir. Il n'importe... Le catholique sera divorcé malgré lui.

Comme consolation, M. Naquet et les défenseurs de l'article 310 lui disent qu'il n'est pas forcé de se regarder, dans son for intérieur, comme divorcé, et qu'il n'a qu'à ne pas user du droit que la loi lui confère de contracter à nouveau mariage (1). Cela suffit pour sauvegarder sa liberté de conscience ! Ainsi, on critique la séparation de corps parce qu'elle met, dit-on, l'époux coupable dans la situation d'être, par sa faute d'ailleurs, « marié sans l'être », et on corrige cette prétendue anomalie en mettant, de force, l'époux qui n'a rien à se reprocher, et à qui sa conscience

(1) Débats parlementaires. D. 1884. *Loc. cit.*

interdit le remariage, dans la situation d'être à son tour « divorcé sans l'être ». Peut-on pousser plus loin l'ironie ? Car enfin, le catholique, qui regarde le divorce comme une tache déshonorante, devient bel et bien, malgré lui et sans qu'il ait eu le moindre tort, époux divorcé : et cela, par une décision judiciaire rendue en audience publique, insérée aux journaux, affichée en divers lieux, transcrite sur les registres de l'état civil (1). Et si le divorce est considéré, par une fiction légale qui n'est pas un des moindres phénomènes de cette loi singulière, comme prononcé malgré ses protestations, « à son profit et aux torts de son conjoint » il n'en reste pas moins, pour le public, qu'il a été accordé, en vertu du pouvoir d'appréciation que l'article 310 semble laisser aux Tribunaux, contrairement à sa prétention et sur la demande de son adversaire. De là à faire naître l'opinion que celui-ci n'avait pas tous les torts, y a-t-il bien loin ? Alors surtout qu'aux termes de l'article 299, l'époux qui s'est vu divorcer malgré lui « perd » le droit de porter le nom de son ancien conjoint (2). Pourquoi lui « imposer », sans qu'il les ait

(1) Articles 250, 251, 252 et 310 Code civil.

(2) On ne pense pas assez à ce que cette « interdiction » a d'outrageant pour l'épouse sans reproches, qui devrait être seule juge de l'opportunité de ce changement et qu'on traite comme si elle était indigne de garder le nom sous lequel elle était publiquement connue. Et cette interdiction devient vraiment odieuse quand on songe que ce nom, qu'elle n'a plus le droit de porter, reste celui de ses enfants.

méritées, ces flétrissures publiques (1), et donner au coupable, au mépris des convictions d'une conscience sans reproches, avec le quitus du passé, le droit de choisir un époux mieux à sa convenance, parce qu'il n'a su que faire souffrir le premier qui s'était donné à lui.

Et voilà comment, sous le couvert d'intentions libérales, de sauvegarde de la liberté de conscience, on a sacrifié les convictions catholiques (2). Le but poursuivi apparaît : il est nettement antireligieux ; le le retour en arrière de la morale, dont l'abrogation de l'article 298 marque une nouvelle étape, en a été le résultat.

Le jurisconsulte, M. Ernest Glasson, traitant la question du divorce, défend la loi de 1884 dans les termes suivants : « L'indissolubilité du mariage, dit-il, « est l'idéal, et toute bonne loi doit consacrer cet « idéal ou y tendre dans la limite du possible. Mais « est-ce à dire que le législateur puisse, dans tous les

(1) On pourrait multiplier les détails de cette nature. C'est ainsi que les publications de mariage d'époux divorcés portent, à côté du nom du futur époux, celui de son ancien conjoint « Un tel, époux divorcé de... ». Le public ignore naturellement dans quelles conditions le divorce a été prononcé.

(2) « Quelle loi protectrice de notre manière d'être a réussi depuis vingt ans ? Quelle loi destructive de cette même manière d'être a échoué ? »

Mgr Touchet, évêque d'Orléans. *Discours de rentrée à l'Institut Catholique de Paris.* 1904.

« pays et à toutes les époques, consacrer l'indissolu-
« bilité du lien conjugal, même en violentant les
« mœurs ? Sans doute, la nature humaine est partout
« la même, mais les races et les mœurs diffèrent selon
« les contrées. On ne conçoit pas une nation réguliè-
« rement organisée sans les pouvoirs publics, la
« famille, la propriété, le respect des contrats. Mais il
« peut arriver qu'à raison de certaines particularités
« tenant à la race, aux mœurs, aux traditions, le légis-
« lateur soit obligé parfois de consacrer une déroga-
« tion au droit naturel. La loi d'Israël ne permettait-
« elle pas le divorce aux Juifs à cause de la dureté
« de leur cœur ? Notre doctrine n'est pas autre (1)... »

Sans discuter le point important de savoir s'il est jamais permis de déroger au « droit naturel », expression qui a peut-être, nous le voulons croire, dépassé la pensée de l'auteur ; sans revenir non plus sur la question primordiale de l'intérêt général de la société et de l'intérêt plus particulier des enfants, nous nous contenterons de faire remarquer que nos pères ont fort longtemps vécu sous le grand principe de l'indissolubilité du mariage que le christianisme avait fait progressivement pénétrer dans notre civilisation ; il faudrait donc conclure de cette citation, qu'il n'est devenu nécessaire de modifier la législation que parce que nos mœurs, moins chrétiennes, ont rétrogradé

(1) E. Glasson, *Le mariage civil et le divorce dans l'antiquité et dans les principales législations modernes de l'Europe*, p. 488 (Cité par Dalloz, supplément au Répertoire, V°. *Divorce et séparation de corps*, n° 3).

et faibli, obligeant à déroger à « l'idéal », à la « tradition », et même au « droit naturel ».

Ont-elles tellement faibli que notre cœur s'est « endurci » à l'égal de celui des Juifs de l'antiquité ? M. Glasson semble le croire, puisqu'en citant leur exemple, il trouve bon que nous suivions leurs règles. S'il en est ainsi, nous nous expliquons la passion avec laquelle M. Naquet défendit sa loi : mais il faudrait avoir l'esprit fort complaisant pour voir là un progrès ! Bien qu'il n'ose nous ramener jusqu'au paganisme, où le divorce fut le meilleur soutien de la dépravation publique, M. Glasson, pour excuser la législation de 1884, ne nous paraît pas faire un pompeux éloge de nos mœurs contemporaines et sa thèse n'aboutit, en définitive, qu'à la constatation, plus ou moins enveloppée, de ce « recul » que nous n'avons cessé de signaler au cours de cette étude. Il nous a semblé intéressant de relever, en terminant, un tel aveu sous la plume d'un tel auteur.

www.ingramcontent.com/pod-product-compliance
Ingram Content Group UK Ltd.
Pitfield, Milton Keynes, MK11 3LW, UK
UKHW022150170726
13837UKWH00004B/1907